AF135184

ÉK::LÏT

RÉVEIL DE SOI

ÉK::LÏT

5 exercices
pour s'ancrer et agir
en 5 semaines

Eric Bouf

© 2023 Eric Bouf

Édition : BoD – Books on Demand, info@bod.fr
Impression : BoD – Books on Demand, In de Tarpen
42, Norderstedt (Allemagne)
Impression à la demande

ISBN : 978-2-3220-9951-1
Dépôt légal : Février 2023

RÉVEIL DE SOI

ÉK::LÏT

5 exercices
pour s'ancrer et agir
en 5 semaines

Eric Bouf

Table des matières

1. Bienvenue
2. Respiration relaxante
3. Se connecter à un arbre
4. Respiration introspective
5. Marche Méditative
6. La photo introspective
7. Réveil de Soi en 5 semaines
8. ÉK::LÏT Késako

1. BIENVENUE

Bienvenue ... et je suis heureux que ce carnet soit entre vos mains car il devrait vous permettre de puiser dans votre dimension introspective par le programme ÉK::LÏT.

Avant d'aller plus loin, laisser-moi vous expliquer pourquoi ÉK::LÏT ...

ÉK (éka) est phonétiquement le mot magie en égyptien ancien ...
(mais surtout mon surnom ...)

LÏT est l'acronyme pour lumière en anglais : Light

ÉK::LÏT est donc la recherche de sa "magie" intérieure pour manifester sa "lumière" vers l'extérieur ... Ce que j'appelle une quête introspective pour un impact extrospectif.

Le mot "extrospectif" vous interpelle ? ... Je comprends car je l'ai inventé.

L'introspectif est notre dimension intérieure et intime ... L'extrospectif ce que nous manifestons vers les autres en pleine conscience, puisque construit par notre travail introspectif.

L'un ne va pas sans l'autre ... à quoi cela servirait-il de travailler sur son ancrage intérieur, véritable et authentique, si ce n'est pour mieux interagir extérieurement et vivre un chemin de vie épanouissant ?

ÉK::LÏT est un programme d'exercices introspectifs répartis en 6 séquences :

- ☐ Un guide de respiration méditative
- ☐ Un guide de connexion avec un arbre
- ☐ Un guide de respiration introspective
- ☐ Un guide de marche méditative
- ☐ Un guide d'introspection par une photo
- ☐ 50 pages pour 5 semaines de Réveil de Soi

Chaque exercice est issu d'un article du blog www.sereveillerpoursetransformer.com et si l'objectif de ce livret n'est pas que vous atteignez une transcendance de vie, il a pour essence d'activer votre Réveil intérieur afin de vous sentir authentique et sincère extérieurement …

"S'ANCRER POUR AGIR" en quelque sorte

Mais laissez-moi me présenter :

Je m'appelle Eric Bouf, je suis né en France et mon parcours de vie m'a permis de vivre et travailler aux quatre coins de la planète. Ainsi, j'aime me présenter comme un citoyen du monde nourrit de diverses influences tant culturelles que spirituelles.

Aujourd'hui je vis dans l'Ouest de la région parisienne et depuis 2014, après avoir été certifié coach Co-Actif j'ai créé cet accompagnement pour aider les personnes en recherche de leur désir d'épanouissement introspectif et personnel.

Mon objectif est de permettre à chacun de construire avec confiance et sérénité leur propre recette de bien-être intérieur par un travail introspectif. Cela pour mieux cerner la quête de leur bonheur et vivre une ascension de l'Esprit telle une bulle acidulée qui s'envole dans la brise d'un printemps ensoleillé.

Je vous souhaite une belle découverte, connexion, avec votre dimension intérieure … votre diamant ardent … qui permettra au spectre de votre lumière véritable et authentique de rayonner vers les autres … en pleine conscience.

Êtes-vous êtes prêt pour ce voyage ? …

Eric

2. RESPIRATION RELAXANTE

Respirer ... n'est-ce pas la **première chose que nous apprenons** dès notre naissance ?

Cela fait partie de nos 4 fonctions vitales **pour rester en vie** ... respirer, boire, manger et dormir.

La respiration, qui pourtant est une fonction indissociable de notre métabolisme, s'avère être également **un outil pour une relaxation en pleine conscience.**

Elle peut se définir comme telle :

> *La relaxation est un moyen d'entrer en contact avec un état de détente et bénéfique à Soi. Elle constitue une manière de se relier à son intériorité, par le biais d'un travail sur la respiration, sur la prise de conscience et la détente de toutes les parties du corps, ainsi que sur la visualisation.*

Ainsi nous pouvons voir le **lien intime entre respiration et relaxation**. Cela n'exclut pas les autres formes de relaxation au travers de repas, musiques ou exercices physiques entre autres ...

Cependant la relaxation par la respiration est certainement la forme la plus **holistique ...**. C'est à dire qu'elle est accessible à tous, et sans artifices pour **apprécier notre souffle de vie.**

Respiration Zen & Relax

Prenez une position confortable ... Assit, le dos bien droit, les mains posées sur vos cuisses ... Ou bien debout les pieds bien ancrés dans le sol et les mains le long du corps ...

Inspirez par le nez et gonflez votre ventre au niveau de votre nombril ... Gardez ce souffle le plus longtemps possible avant de le relâcher par la bouche lentement ...

Inspirez par le nez et descendez votre souffle au niveau de votre nombril en gonflant votre ventre, puis faite monter ce souffle au niveau de votre poitrine ... Gardez-le le plus longtemps possible avant de le relâcher lentement en le faisant redescendre jusqu'à l'extrémité de vos doigts de pieds et de mains ...

Inspirez par le nez, descendez votre souffle au niveau de votre nombril en gonflant votre ventre, faites-le monter au niveau de votre poitrine, pour ensuite le glisser au niveau de votre front ... votre Cortex ... Gardez-le le plus longtemps possible avant de le relâcher lentement en le faisant redescendre jusqu'à l'extrémité de vos doigts de pieds et de mains ...

Cette respiration à trois étages s'appelle le Flux et le Reflux ... Un mouvement d'alignement de notre énergie intérieure inspiré des mouvements des vagues ... Le Flux & le Reflux ... Un exercice à refaire 3 fois, minimum, pour se préparer à ouvrir notre dimension introspective ...

3.   SE CONNECTER A UN ARBRE

Se connecter à un arbre permet tout simplement de **puiser dans la fréquence vibratoire de la Nature** pour trouver un lâcher-prise **et vivre le moment présent**.

Les arbres, comme tous les êtres vivants sont des **antennes énergétiques**. Ils sont ancrés dans la terre et ont la tête dans le ciel. D'un point de vue symbolique la terre représente notre **dimension physique** et le ciel notre **dimension spirituelle** ... D'ailleurs la mythologie Grecque nous apprend que le mariage de Gaïa (déesse de la terre) avec Ouranos (dieu du ciel) donne naissance à Aphrodite (déesse de l'amour et de la beauté) ...

Se connecter à un arbre permet de **puiser dans le flux énergétique** qui s'active **entre la terre et le ciel**. Chez l'arbre ce flux énergétique se matérialise par la poussée de sève qui part des racines vers la branche la plus haute pour ensuite redescendre vers le sol. Cela produit une pression, **une énergie que nous allons essayer d'intérioriser** en apposant nos mains sur l'arbre.

Deux réseaux de distribution, et deux types de sève

A l'intérieur du tronc et des branches, la sève suit un parcourt bien précis, et elle est canalisée par des vaisseaux spécifiques :

La sève brute circule des racines vers les feuilles. Elle est principalement composée d'eau et de nutriments et circule dans des tissus que l'on appelle le xylème. On l'appelle aussi sève montante.

La sève élaborée est le résultat de la photosynthèse par les feuilles. Chargée en sucres elle va circuler en sens inverse de la sève brute, c'est à dire des feuilles vers les racines, dans des tissus que l'on appelle le phloème. Elle est aussi appelée sève descendante.

Il n'est pas forcément nécessaire de se connecter à un arbre pour se connecter à la Nature. Les plantes, les fleurs et les promenades en forêt sont excellents en soi. Néanmoins **un arbre, tant par sa taille, sa hauteur que sa complexité, est particulier** car il comprend tant la dimension d'une plante, d'une fleur mais surtout **un ancrage et une force incomparable**.

Se connecter à un arbre requiert d'activer nos 5 sens … Pleinement et en toute conscience.

Nos 5 sens et la sylvothérapie

Vouloir se connecter aux bienfaits de la Nature n'est pas un phénomène nouveau. Cela s'appelle en japonais *Shinrin-Yoku* : l'appel de la forêt.

Chaque promenade dans la nature active **nos 5 sens** et par cela nous détache de notre rationalité urbaine pour nous **reconnecter à nos sens primordiaux** :

- L'Ouïe – les bruits, craquements et bruissements autour de nous
- **La Vue** – multidimensionnelle par la multitude des paysages et des formes qui s'offrent à nous
- **Le Goût** – mais surtout par « l'arrière-goût » introspectif de ce que nous vivons ici et maintenant
- **L'Odorat** – les senteurs et effluves des plantes, de la terre mouillée …
- **Le Toucher** – l'intime connexion avec le monde végétal et minéral lorsque nous les prenons dans nos mains.

Les **5 sens de** notre Corps déclenchent un **sentiment de bien-être** qui se loge dans notre Âme, le socle de nos émotions. Ce sentiment est **une sorte de 6ème sens**, d'intuition.

L'activation épanouissante de notre Âme permet **par la suite d'accéder au lâcher-prise de notre Esprit**. Cela permet de **vivre le moment présent en pleine conscience** et se connecter à un **niveau vibratoire supérieur** comparable à la méditation.

En sylvothérapie, et pour se connecter à un arbre, il est nécessaire d'accéder à ce niveau vibratoire supérieur.

… C'est à dire trouver un lâcher prise pour pleinement vivre le moment présent …

Depuis quelque temps j'ai développé **5 étapes pour me connecter avec un arbre lorsque j'en ressent le besoin** … C'est d'ailleurs devenu une routine que je pratique chaque fois que je vais me promener en forêt.

Voici comment les mettre en œuvre :

- Trouver où se connecter
- Savoir lâcher-prise
- Rencontrer l'arbre
- Intérioriser la connexion
- Reprendre son chemin

TROUVER OÙ SE CONNECTER

Se connecter à un arbre peut paraitre une activité normale pour certains, mais il n'en est pas de même pour beaucoup d'autres personnes. Il est préférable de **trouver un lieu dans lequel vous pourrez être au calme** sans vous préoccuper du regard des passants … sauf évidemment si cela vous est totalement indifférent.

En premier lieu il faut trouver **un arbre en pleine terre, et de préférence en forêt**. Pourquoi en forêt ? Tout simplement parce que la forêt est un **lieu où la nature est Reine** … et où il existe **un écosystème** qui est moins soumis au contrôle de l'homme comme cela pourrait être le cas dans les parcs ou les jardins. Dans la forêt **les arbres sont plus libres**, moins espacés et **vivent en communauté** les uns à côté des autres. La terre y est plus fertile grâce à l'humus produit par leurs feuilles qui sont tombées et la biodiversité à la base des troncs.

L'arbre devra être d'une **taille suffisamment large** pour pouvoir apposer les deux mains écartées directement sur l'écorce. Il est donc préférable qu'il soit **dénué de lierre ou de plantes grimpantes** … et qu'il soit **en bonne santé**.

Il faut que l'arbre vous plaise …

Sa forme, son essence, sa taille, l'aspect de son écorce, le déploiement de ses branches, son feuillage … Bref il faut presque **un coup de foudre**, même si pour un arbre ce n'est particulièrement approprié.

Lorsque vous avez trouvé l'arbre parfait, et au bon emplacement, il va falloir se mettre en condition pour se connecter avec lui.

SAVOIR LÂCHER-PRISE

Se connecter à un arbre nécessite d'abord d'**harmoniser notre vibration intérieure.** Cela implique de **mettre en cohérence nos trois centres énergétiques qui sont le Corps, le Cœur et l'Esprit.**

Notre centre énergétique du Corps se situe au niveau de l'abdomen, celui du Cœur au niveau du thorax et l'Esprit au niveau du cortex au milieu du front. Nous pouvons **les harmoniser et les connecter successivement par un mécanisme ascendant et descendant de respiration.** Cette respiration que vous avez découvert dans le chapitre précédent ... la respiration relaxante.

Le principe est d'inspirer par le nez en faisant glisser le souffle de l'abdomen, au thorax puis au cortex. L'on garde la respiration aussi longtemps que l'on peut pour ensuite l'expirer par la bouche en faisant descendre le souffle du cortex vers le thorax, puis vers l'abdomen.

Avec cette respiration nous alignons nos 3 centres énergétiques et harmonisons notre fréquence vibratoire ... En continuant ce va et vient respiratoire une dizaine de fois, **un lâcher-prise se mettra en place** et c'est à partir de ce moment nous pouvons rencontrer l'arbre.

RENCONTRER L'ARBRE

Maintenant que notre Esprit est prêt à vivre l'instant présent, il est temps de **se présenter à l'arbre** ... Il faut demander **si nous pouvons nous connecter à lui** puisque nous l'avons choisi ... Mais attention il est très probable que ce soit lui qui nous a choisi à l'insu de notre plein gré.

Debout et à quelque distance de l'arbre, **observez attentivement ses racines, son tronc, ses branches et son feuillage.** Demandez-lui l'autorisation de vous connecter à son énergie vibratoire ... **Intériorisez vos 5 sens** et remerciez-le de vous accueillir.

La connexion à l'arbre **se fait par un mouvement issu de la pratique de l'Aunkai.** Ce mouvement s'appelle **Tenchijin** 天地人 et permet de prendre **une position similaire à un arbre** et être connecté entre terre et ciel.

Pieds écartés de la largeur des épaules, joindre les paumes des mains devant la poitrine. En prenant une grande respiration montez

> vos mains vers le haut en les gardant jointes et étirez votre corps vers le ciel.
>
> Quand l'extension est totale ouvrez les bras en forme de Y (45° de l'axe vertical) en fléchissant les poignets de façon à placer les paumes horizontalement vers le ciel ... À cet instant l'on a l'impression de porter le ciel ...
>
> Relâchez les épaules, laissez tomber le haut du corps dans le bassin ... et relâcher votre souffle lentement.
>
> Répétez le mouvement ... et cette fois-ci apposez vos mains sur le tronc ... Activez vos 5 sens lorsque vous touchez l'écorce.

Vous êtes maintenant prêt à vivre la connexion avec l'arbre.

INTÉRIORISER LA CONNEXION

Les pieds bien ancrés dans le sol, les mains posées sur le tronc, **par un mouvement respiratoire ascendant et descendant**, nous allons **harmoniser notre vibration intérieure** avec celle de l'arbre.

> En reprenant la respiration pour relaxante, vous allez **respirer de l'abdomen, vers le thorax et jusqu'au cortex**. Retenez votre respiration lorsqu'elle atteint votre front jusqu'à ce devoir la relâcher. Pendant ce moment d'apnée, **recherchez à ressentir la vibration de l'arbre** ... Intériorisez votre ressenti en écoutant votre corps par vos 5 sens ... Puis expirez lentement en faisant **redescendre votre souffle du cortex, vers le thorax, vers l'abdomen** et puis jusqu'au bout de vos pieds, **comme si vous preniez racine** ...
>
> **Faites ce mouvement de respiration 3 fois de suite** ... ensuite continuez avec une respiration ascendante et descendante calmement et **en pleine conscience** ... Prenez le temps qu'il faut **pour ressentir votre connexion avec l'arbre** ... Activez vos 5 sens et profitez de **l'harmonie de votre vibration intérieure**.
>
> Vous devriez ressentir une vibration, une énergie qui vous uni à l'arbre ... à d'Âme Nature.

Lorsque vous vous sentirez prêt, détachez vos mains de l'arbre, prenez un pas en arrière, et joignez les paumes de vos mains au niveau de votre plexus.

REPRENDRE SON CHEMIN

Pour clôturer l'exercice remerciez l'arbre en regardant ses feuilles, ses branches, son tronc et ses racines ... Faites un signe propre à vous **pour le saluer** et reprenez le cours de votre promenade, de votre journée, **chargé d'une énergie nouvelle et bienfaisante**.

Vous voilà rechargé, ré-énergisé, ressourcé par la vibration de la Nature ... **la vibration de la conscience primordiale** *qui relie tous les atomes de l'Univers entre eux ...*

Par cet exercice de sylvothérapie pour se connecter à un arbre, nous rejoignons **le macrocosme de la vie**. Cela nous permet de manifester l'unicité de notre dimension humaine **en pleine harmonie avec le monde minéral et végétal**.

L'arbre, c'est un peu notre symbole. Planté sur Terre, il tente de s'élever vers la lumière. Il cherche un passage, il cherche à comprendre, il cherche la posture la plus avantageuse. Je me sens un peu dans la même poursuite, dans la même quête.
MARC-AURÈLE FORTIN

4. RESPIRATION INTROSPECTIVE

Si respirer est une action essentielle pour chaque être humain, le fait de le faire en pleine conscience requiert une intention préalable. Une intention pour atteindre un résultat attendu de relaxation.

L'intention est primordiale dans cet exercice, car elle est toujours le préalable à l'action. Toutes nos actions découlent d'une intention que nous avons manifestée. L'intention est donc la source de nos réalisations désirées. Elle est la source primordiale de ce que nous obtenons.

D'un point de vue quantique, **l'intention est une énergie envoyée dans le champ de la conscience globale** ... Dans cette dimension quantique, toute intention ou pensée émise est un flux énergétique qui rejoint les capteurs prêts à la recevoir et ils nous renverront en retour, d'une manière ou d'une autre, ce que nous avons manifesté. Ce mécanisme est expliqué clairement dans le livre de Rhonda Byrne – Le Secret.

Le pouvoir de l'intention est extrêmement puissant lorsque nous comprenons la dimension quantique de notre monde ...

Mais revenons à la pleine conscience ... Le préalable pour trouver une relaxation par la respiration nécessite de le vouloir **Corps, Cœur et Esprit**.

... Rentrer dans une dimension introspective en quelque sorte, manifester notre intention en pleine conscience ...

L'intention se manifeste non seulement par nos pensées, mais plus précisément **par nos trois centres énergétiques** qui sont notre Corps, notre Coeur et notre Esprit.

Ces trois centres énergétiques sont indissociables et ne peuvent agir que lorsque connectés aux uns et aux autres. En activant le Corps nous manifestons le Cœur qui lui-même permet l'accès à l'Esprit.

Le Corps représente l'activation de nos 5 sens et son centre énergétique est logé dans notre abdomen. Énergétiquement parlant nous l'appelons le chakra sacré.

Le Cœur est le socle de nos émotions. Tout ce que nous vivons par les 5 sens de notre Corps déclenchera des émotions qui s'ancreront dans le centre énergétique du Cœur. D'un point de vue quantique le Cœur est le flux énergétique que nous envoyons autour de nous. Toutefois à ne pas confondre avec l'approche spirituelle ...

L'Esprit est notre dimension spirituelle voire transcendante ... une dimension holistique qui permet le lâcher-prise, vivre l'instant présent et manifester la joie de vivre pleinement et maintenant. À ne pas confondre avec l'esprit rationnel de la raison pure ...

Pour **manifester notre intention** il faut **se mettre en condition**. S'inscrire dans nos 3 centres énergétiques afin de manifester l'intention et l'activer.

Cela se fait par un premier cycle de respirations guidées de 'Respiration Relaxante'. Cela permet de se connecter à son centre énergétique du Corps (abdomen), son centre énergétique de Cœur (thorax) et le centre énergétique de l'Esprit (cortex). **La respiration est un outil qui permet d'activer la manifestation de nos intentions** ... L'oxygène est en quelque sorte l'énergie de notre transformation Corps – Cœur – Esprit.

Ce premier mouvement de respiration a manifesté **l'intention de relaxation en pleine conscience**. En le faisant vous avez certainement remarqué une baisse de votre vibration intérieure ... et c'est ce que l'on recherche ... **trouver une vibration suffisamment basse pour nous détacher de nos pensées incapacitantes** ... Car tout ce qui nous obsède est sur un niveau énergétique élevé.

La prochaine étape sera de procéder à **4 séquences de respirations** consécutives. Elles continueront à baisser le niveau de vibration intérieure **pour atteindre un état méditatif et relaxant**. Cet état de lâcher-prise et de communion avec le moment présent. Les trois premiers cycles de respiration sont reliés chacun avec nos centres énergétiques Corps – Cœur – Esprit, et le dernier cycle peut être considérée comme un portail vibrationnel.

1ère séquence de respiration – Le Corps

Les mains le long du corps si vous êtes debout, ou bien posées sur vos cuisses si vous êtes assis, inspirez par le nez calmement pour gonfler votre abdomen, basculez le souffle dans votre thorax, et à ce moment levez votre main droite au niveau de votre poitrine.

Continuez votre inspiration et glissez le souffle au niveau de votre front, en élevant votre main droite au niveau de votre tête. Manifestez intérieurement « 100 le flux », et restez en apnée aussi longtemps que possible.

Lorsque vous sentez qu'il est temps d'expirer, faites-le par la bouche calmement en abaissant progressivement votre main droite et en comptant mentalement « 99, 98, 97, 96, 95, 94, 93, 92, 91 ». Lorsque votre expiration est terminée manifestez intérieurement « le reflux ».

Recommencez ce mouvement respiratoire mais cette fois-ci en manifestant « 90 le flux », puis en redescendant de 89 à 81 « le reflux ». Une dernière séquence « 80 le flux » pour terminer avec « 71 le reflux ».

En gardant les mains le long du corps, ou sur les cuisses, reprenez une inspiration abdomen – thorax – front, restez en apnée et manifestez intérieurement **« j'accueille la détente dans mon Corps »**.

Lorsqu'il est temps d'expirer relâchez votre souffle lentement par la bouche en intériorisant **« j'accueille la détente dans mon Corps »**.

2ème séquence de respiration – l'Âme

En utilisant la même technique de respiration que pour la séquence précédente, vous allez procéder à 3 mouvements. Cette fois-ci les mouvements seront accompagnés par la main gauche.

Le premier mouvement procédera à une inspiration « 70 le flux » et une expiration de 69 à 61 "le reflux ». Puis continuez avec « 60 le flux » et de 59 à 51 « le reflux », pour terminer avec « 50 le flux » et de 49 à 41 « le reflux ».

Comme sur la séquence précédente, en gardant les mains le long du corps, ou sur les cuisses, reprenez une inspiration abdomen – thorax – front, maintenez-vous en apnée et manifestez intérieurement **« j'accueille la paix dans mon Cœur »**. Lorsqu'il est temps d'expirer relâchez votre souffle lentement par la bouche en intériorisant **« j'accueille la paix dans mon Coeur »**.

Si tout va bien ... vous commencez à remarquer que **votre inspiration et votre apnée s'allonge.** un sentiment de **chaleur intérieure et de bien-être** commence à s'installer.

3ème séquence de respiration – l'Esprit

Avec la main droite pour accompagner votre respiration, vous allez reprendre 3 mouvements de respiration. Le premier sera « 40 le flux » et redescendra à 31 "le reflux », puis « 30 le flux » et redescendra à 21 « le reflux ». Le dernier mouvement sera « 20 le flux » pour terminer sur 11 « le reflux ».

Reprenez une inspiration abdomen – thorax – front, restez en apnée et manifestez intérieurement **« j'accueille le lâcher-prise dans mon Esprit »**. Lorsqu'il est temps d'expirer relâchez votre souffle lentement par la bouche en intériorisant **« j'accueille le lâcher-prise dans mon Esprit »**.

Vous ressentez maintenant **une onde douce et sereine** qui parcoure votre corps.

4ème séquence de respiration – le portail méditatif

Cette dernière séquence permettra d'**abaisser la vibration intérieure à un niveau suffisamment bas pour rentrer en état méditatif.**

La respiration abdomen – thorax – front se fait toujours par une inspiration par le nez, puis une expiration par la bouche lentement et calmement. Mais cette fois vous allez descendre de 10 à 1. Les chiffres pairs seront « le flux » et les chiffres impairs « le reflux ». chaque inspiration et expiration sera accompagnée par le mouvement de la main gauche. En inspirant la main monte jusque la tête, et en expirant la main redescend ... mais ça vous savez le faire maintenant ...

La respiration doit être considérée comme une métaphore du mouvement des vagues. L'inspiration est la marée montante et l'expiration la marée descendante. En pratiquant cette dernière séquence il faut intérioriser ce « flux » et ce « reflux » ... 10 « le flux », 9 « le reflux », 8 « le flux », 7 le « reflux » ... ainsi de suite jusqu'atteindre 1 « le reflux ». En le faisant sur un rythme soutenu, une vibration intérieure s'installera de façon intuitive.

Cette dernière séquence ouvre en quelque sorte **un portail méditatif** par lequel vous allez pouvoir rentrer dans l'instant présent et **profiter d'un moment ::Zen & Relax::**

L'instant de relaxation méditative

En portant votre attention sur vos mouvements de respirations, **vous avez aligné vos trois centres énergétiques avec votre souffle** et abaissé votre vibration intérieure. Cela a pour effet de **trouver intuitivement un équilibre** Corps – Cœur – Esprit ... il ne vous reste plus qu'à puiser dans cet équilibre énergétique **pour vous ressourcer intérieurement.**

En gardant votre position debout, ou assis, ouvrez vos mains les paumes tournées vers le ciel. Imaginez-vous puiser dans l'énergie de la Terre par vos pieds, et recevoir l'énergie du Ciel par vos mains ... comme si vous étiez une antenne énergétique ... Restez dans cette posture et ressentez la relaxation circuler librement et sereinement.

Respirez calmement, laissez vos pensées venir et repartir, écoutez tous vos sens ... vous êtes en train de vous connecter à votre essence primordiale ... de puiser dans votre énergie essentielle et divine ... restez dans ce moment aussi longtemps que vous le désirez ...

Lorsque vous pensez qu'il est temps, reprenez une respiration abdomen – thorax – front, et en joignant vos deux paumes de mains au niveau de votre sternum, exprimez intérieurement un sentiment de gratitude et de remerciement à l'Univers.

Reprenez le cours de votre journée et **profitez de cette énergie ::Zen & Relax::** rechargée par la respiration de relaxation **en pleine conscience.**

5. MARCHE MEDITATIVE

Un matin de printemps, me fait penser à une bulle acidulée qui s'envole dans une brise ensoleillée … **un moment unique qui ouvre l'esprit et attise l'éveil de Soi** … un appel à se connecter Corps, Cœur et Esprit **pour se mettre en marche** sur les chemins des bois, des vignes et des champs de la Bourgogne méridionale, mon terroir de cœur … une marche méditative **en pleine conscience** par la technique de 'la Marche Afghane'.

J'ai découvert le terme de 'Marche Afghane' au travers de mon club de **marche Nordique** … nous sommes nombreux à nous rejoindre plusieurs fois par semaine pour 'avaler' environ 10 kilomètres par sortie **accompagné de nos bâtons** et surtout d'un coach qui nous motive et nous guide **pour trouver la bonne cohérence entre mouvements de nos pas et de nos bras** … une vraie pratique sportive.

J'ai rejoint la tribu des marcheurs septentrionaux, c'est à dire 'Nordiques', pour **me reconnecter Corps, Cœur et Esprit avec l'énergie de la forêt**, et j'ai découvert une **pratique sportive souple et intuitive**.

Nous sommes environ 15 à 20 marcheurs chaque sortie, et au fil du temps des liens se créent entre nous, une amitié particulière que l'on recherche au-delà de la marche physique.

Lors de nos sorties notre guide et coach de marche, René, a découvert mon appétence pour les exercices de respirations méditatives, ce qui l'a amené à m'**initier avec une technique de marche** particulière ... une marche méditative ... **la marche Afghane.**

Marche Afghane ... Késako ?

Un nom qui nous amène aux confins du monde ... mais au-delà des considérations religieuses et géopolitiques ... une partie du monde **qui appelle à se transcender pour trouver un alignement, un dépassement de soi** et cheminer en pleine conscience ... pour transcender la typologie des paysages, la rigueur de vie des montagnes d'Asie centrale...

La marche Afghane est une technique qui permet de synchroniser nos pas avec notre souffle afin d'avancer plus vite, plus loin, tout en déployant moins d'efforts. C'est **une technique qui rassemble l'exercice physique de la marche et le pouvoir de la méditation.**

C'est **Edouard Stiegler** qui remarqua dans les années 1980 que les caravaniers pédestres afghans respiraient et calaient leurs pas sur leur souffle de manière singulière. Etonné du potentiel énergisant de cette marche qu'il qualifiera lui-même d'afghane, il **en consignera les rythmes et les règles dans un livre** devenu depuis la référence de la discipline : *Régénération par la marche afghane* (Guy Trédaniel Editeur)

La marche Afghane est une marche méditative et consciente qui se fait sur trois rythmes principaux, que l'on adopte selon chacun, le lieu ou le moment. **L'enchaînement de base respecte la respiration naturelle et se décline sur huit temps :**

> *L'inspiration se fait par le nez sur les trois premiers pas, puis on suspend la respiration poumons pleins sur le quatrième, puis on expire par la bouche sur les trois pas suivants avant de suspendre son souffle poumons vides sur le huitième et dernier temps.*

Cela appelle à chaque instant **notre concentration** pour compter sans cesse les pas, et pourquoi pas comme me l'a suggéré mon coach Réné, se répéter des pensées positives à chaque foulée.

Moins d'effort pour plus d'endurance et de vitalité aussi ... Sur le plan physique, **la marche afghane agit sur le métabolisme**, le fonctionnement cardio-vasculaire et la sensation de fatigue.

Par la suroxygénation, dynamisante et euphorisante, **nous ressentons très vite un bien-être intense,** qui se révèle très apaisant au niveau mental ... Ainsi que l'explique **<u>Daniel Zanin</u>**, accompagnateur en montagne et sophrologue diplômé.

La marche méditative est en quelque sorte un Yoga de la marche ...

L'exercice repose avant tout sur la respiration et sa synchronisation avec les pas, **10 à 15 minutes sont parfois nécessaire pour assimiler le rythme.** Cela se fait en silence pour ne pas troubler le comptage des pas et la concentration nécessaire **pour être en pleine conscience.**

L'astuce est de **gérer la synchronisation du mouvement et de la respiration** :

> *J'inspire par le nez sur les trois premiers pas, je garde l'air dans mes poumons sur le 4e, puis j'expire par la bouche sur les trois pas suivants avant de rester poumons vides sur le 8e et dernier pas.*

En règle générale il faut compter environ 30 minutes pour commencer à ressentir les effets de la coordination du mouvement et de la respiration.

C'est un peu **comme après une séance de Yoga** lorsque les couleurs et les odeurs semblent plus fortes, **l'on ressent une conscience accrue des éléments autour de soi.** Le Corps, le Cœur et l'Esprit sont rempli d'une nouvelle énergie.

Derrière l'activité physique perce également une véritable philosophie ... « Comme la rencontre "d'un Carpe Diem et d'un Connais-toi toi-même". La marche afghane nous ancre dans le sol à chacun de nos pas. Et en nous obligeant à compter, à ne pas nous échapper, elle nous apprend aussi à vivre pleinement l'instant présent » (Daniel Zanin)

6. PHOTO INTROSPECTIVE

Lever du jour dans le sud de la Bourgogne ... un moment toujours particulier pour regarder la vie qui se manifeste devant soi ... le moment de la journée lorsque le soleil se lève et ses rayons caressent les coteaux de vignes ... **n'est ce pas un moment divin pour introspecter et rechercher cette lumière intérieure qui nous transportera au-delà de notre horizon ?**

... se transcender en quelque sorte vers de nouvelles destinations ... Un regard différent sur notre vie ...

Et pourquoi ne pas prendre ce moment pour rechercher les champs du possible au 'très fond' de notre intériorité ? ...

Chaque jour je reçois quelques photos sur un compte de réseaux sociaux auquel je suis abonné, ces photos me permettent de me transporter au-delà de mes routines de vie.

En général **je** me focalise sur une photo, et essaye de rechercher intérieurement **l'énergie qu'elle me procure** ... ce qu'elle m'inspire et trouver **3 adjectifs qui qualifient les pensées qui se manifestent** ...

Pourquoi 3 adjectifs ? ... car **le nombre 3 est particulier** et reflète une triangularité de ce que nous recherchons intérieurement ... de la découverte de Soi ... **c'est un peu alchimique** mais je recherche :

'L'Être – la Vie manifestée – la stabilité physique – Le Corps'

Une triangularité qui ouvre nos champs du possible

Elle ouvre **notre porte émotionnelle, mais également les champs du possible** ... elle permet de regarder différemment le chemin de vie qui se présente devant nous ...

C'est **un exercice que je vous recommande particulièrement** ... pour ma part je recopie ces 3 adjectifs, ou pensées, dans un carnet que j'ai créé à cet effet ...

Pourquoi les recopier ?

... Parce que cela me permet de revenir dessus en feuilletant le carnet de temps en temps ...

Ensuite **j'intègre ces 3 pensées dans un exercice de respiration introspective** ... un exercice qui me fait passer par 3 cycles méditatifs ... Corps - Cœur - Esprit.

3 pensées ... 3 respirations ... **la recherche d'un équilibre ternaire pour ouvrir les champs du possible** ...

L'idéal est de faire cet exercice au moins une fois par semaine ... et laisser les pensées éclairer son esprit ... une belle source introspective ...

Voici un exemple de texte issue d'une photo sur laquelle j'ai pu ouvrir les champs du possible ... vous pouvez la retrouver sur l'article suivant :

https://sereveillerpoursetransformer.com/ouvrir-les-champs-du-possible/

"Nous vivons dans un monde d'énergie ...
De force et de fluidité
avec lequel il nous faut nous connecter ..."

7. REVEIL DE SOI EN 5 SEMAINES

Le Programme ÉK::LÏT de Réveil de Soi sont 25 exercices sur 5 semaines … Soit 5 exercices à pratiquer chaque semaine pendant 1 mois et demi.

Ces exercices sont ceux des chapitres 2 à 6 de ce livre :

2. Respiration relaxante 16
3. Se connecter à un arbre.. 22
4. Respiration introspective .... **Erreur ! Signet non défini.**
5. Marche Méditative 40
6. La photo introspective.. 46

L'objectif est de faire chaque exercice une fois par semaine intercalés par une journée de repos …

> *Par exemple un exercice différent chaque lundi, mercredi, vendredi … les mardi, jeudi, samedi et dimanche sont des jours de repos … les jours que vous choisissez importent peu, c'est à vous de trouver le bon rythme … l'important est d'alterner chaque exercice avec un ou deux jours de repos … et d'effectuer chaque exercice une fois par semaine.*

Évidemment vous aurez remarqué qu'il y a 5 exercices à faire sur trois jours, donc il est nécessaire de rassembler deux exercices le même jour …

Pour ma part j'aime combiner 'Se connecter à un arbre' avec la 'Marche Méditative' ... cela me permet de vivre une immersion en forêt.

Votre choix importe peu, tant qu'il vous connecte Corps - Cœur - Esprit.

Pourquoi 5 exercices pendant 5 semaines ?

Le chiffre 5 représente la quintessence ... l'harmonie divine de Soi ... Un équilibre Corps - Cœur - Esprit qui permet de trouver au fond de Soi l'équilibre de nos 2 émotions primordiales ... la Joie et la Peur et les apprivoiser pour les mettre sous contrôle.

Une quintessence introspective en quelque sorte ...

Afin que chaque séance puisse produire les effets escomptés, il est nécessaire de les préparer et se rendre réceptif à l'ancrage recherché. Pour cela vous pouvez utiliser les pages qui suivent afin d'amorcer votre réflexion avant chaque exercice :

- ☐ *Page de gauche : Exercice de début de session, pour se mettre en condition d'introspection et se connecter à son for intérieur*

- ☐ *Page de droite : Page blanche pour recueillir les notes, croquis ou dessins de ce que l'on a ressenti ... et pour certain peut-être un collage ou un 'copier/coller' de mots et citations.*

De toute façon ce carnet est le vôtre ... libre à vous de l'utiliser tel bon vous semble.

Si vous ressentez le besoin d'être accompagné pour trouver votre quintessence et vous connecter à votre ancrage introspectif pour mieux manifester votre dimension extrospective ... contactez-moi en suivant ce lien :

https://sereveillerpoursetransformer.com/accompagnement-reveil-soi/

Et pour vous mettre l'eau à la bouche ... voici une lettre reçue d'une personne que j'ai accompagné sur une durée de 3 mois ... Elle me l'a transmise spontanément ... un vrai cadeau ...

> Ce que m'a apporté le programme « Se réveiller pour se transformer »
>
> En premier lieu, rencontrer une belle personne. Toi Eric, que je ne connaissais pas.
>
> Tu as été mon guide durant ce voyage introspectif pour m'emmener vers mon chemin de vérité. Un guide bienveillant, attentif, lumineux et donc éclairant. Un guide attentionne et généreux. Généreux de ton temps, disponible. Généreux de ton sourire, ta bonne humeur et ton élégance dont tu m'as fait le cadeau a chacune de nos rencontres. Un guide averti et compètent qui avec ta méthode et ta pratique a su m'amener a éclairer ma route. Tu m'as donné la carte et les instruments de navigation pour m'orienter. A moi maintenant d'avancer sur mon chemin d'éveil, à la lumière de mon diamant, que tu m'as fait découvrir.
>
> Merci pour tout cela ! C'est précieux. Très précieux pour moi.
>
> Ce programme m'a aussi permis de réaliser combien je suis une personne de valeur, une belle personne, unique, vibrante, vivante. La route est encore longue pour m'accepter pleinement et inconditionnellement mais j'ai pris conscience de combien j'en vaux la peine. Quel grand pas ! Tes mots, tes paroles, ton attention et ton regard m'ont aidée à en arriver là.
>
> Je ne retiendrai probablement pas toutes les étapes du programme ni toutes tes paroles. Il en restera une trace cependant dans mes cellules. La trace de toutes ces vibrations ressenties durant nos echanges. Je me reconnecterai à ces réminiscences lorsque j'aurai l'impression de me perdre à nouveau afin de retrouver mon chemin. Grace a toi, mon ami sera la aussi pour me prendre la main.
>
> La porte est ouverte, j'avance...
>
> M...

À bientôt ... peut-être ...

Eric

25 pages guides pour une introspection en 5 semaines

Feuille d'éveil du jour

DATE :

Mon intention du jour en un mot :

Aujourd'hui j'éprouve de la joie et de la gratitude pour :

Aujourd'hui je me pardonne et je pardonne les autres pour :

Aujourd'hui je décide de lâcher prise sur :

Aujourd'hui j'aimerai être émerveillé par :

Feuille d'éveil du jour

DATE:

Mon intention du jour en un mot:

Aujourd'hui j'éprouve de la joie et de la gratitude pour:

Aujourd'hui je me pardonne et je pardonne les autres pour:

Aujourd'hui je décide de lâcher prise sur:

Aujourd'hui j'aimerai être émerveillé par:

Feuille d'éveil du jour

DATE:

Mon intention du jour en un mot:

Aujourd'hui j'éprouve de la joie et de la gratitude pour:

Aujourd'hui je me pardonne et je pardonne les autres pour:

Aujourd'hui je décide de lâcher prise sur:

Aujourd'hui j'aimerai être émerveillé par:

Feuille d'éveil du jour

DATE:

Mon intention du jour en un mot:

Aujourd'hui j'éprouve de la joie et de la gratitude pour:

Aujourd'hui je me pardonne et je pardonne les autres pour:

Aujourd'hui je décide de lâcher prise sur:

Aujourd'hui j'aimerai être émerveillé par:

Feuille d'éveil du jour

DATE:

Mon intention du jour en un mot:

Aujourd'hui j'éprouve de la joie et de la gratitude pour:

Aujourd'hui je me pardonne et je pardonne les autres pour:

Aujourd'hui je décide de lâcher prise sur:

Aujourd'hui j'aimerai être émerveillé par:

Feuille d'éveil du jour

DATE:

Mon intention du jour en un mot:

Aujourd'hui j'éprouve de la joie et de la gratitude pour:

Aujourd'hui je me pardonne et je pardonne les autres pour:

Aujourd'hui je décide de lâcher prise sur:

Aujourd'hui j'aimerai être émerveillé par:

Feuille d'éveil du jour

DATE:

Mon intention du jour en un mot:

Aujourd'hui j'éprouve de la joie et de la gratitude pour:

Aujourd'hui je me pardonne et je pardonne les autres pour:

Aujourd'hui je décide de lâcher prise sur:

Aujourd'hui j'aimerai être émerveillé par:

Feuille d'éveil du jour

DATE:

Mon intention du jour en un mot:

Aujourd'hui j'éprouve de la joie et de la gratitude pour:

Aujourd'hui je me pardonne et je pardonne les autres pour:

Aujourd'hui je décide de lâcher prise sur:

Aujourd'hui j'aimerai être émerveillé par:

Feuille d'éveil du jour

DATE:

Mon intention du jour en un mot:

Aujourd'hui j'éprouve de la joie et de la gratitude pour:

Aujourd'hui je me pardonne et je pardonne les autres pour:

Aujourd'hui je décide de lâcher prise sur:

Aujourd'hui j'aimerai être émerveillé par:

Feuille d'éveil du jour

DATE:

Mon intention du jour en un mot:

Aujourd'hui j'éprouve de la joie et de la gratitude pour:

Aujourd'hui je me pardonne et je pardonne les autres pour:

Aujourd'hui je décide de lâcher prise sur:

Aujourd'hui j'aimerai être émerveillé par:

Feuille d'éveil du jour

DATE:

Mon intention du jour en un mot:

Aujourd'hui j'éprouve de la joie et de la gratitude pour:

Aujourd'hui je me pardonne et je pardonne les autres pour:

Aujourd'hui je décide de lâcher prise sur:

Aujourd'hui j'aimerai être émerveillé par:

Feuille d'éveil du jour

DATE:

Mon intention du jour en un mot:

Aujourd'hui j'éprouve de la joie et de la gratitude pour:

Aujourd'hui je me pardonne et je pardonne les autres pour:

Aujourd'hui je décide de lâcher prise sur:

Aujourd'hui j'aimerai être émerveillé par:

Feuille d'éveil du jour

DATE:

Mon intention du jour en un mot:

Aujourd'hui j'éprouve de la joie et de la gratitude pour:

Aujourd'hui je me pardonne et je pardonne les autres pour:

Aujourd'hui je décide de lâcher prise sur:

Aujourd'hui j'aimerai être émerveillé par:

Feuille d'éveil du jour

DATE :

Mon intention du jour en un mot :

Aujourd'hui j'éprouve de la joie et de la gratitude pour :

Aujourd'hui je me pardonne et je pardonne les autres pour :

Aujourd'hui je décide de lâcher prise sur :

Aujourd'hui j'aimerai être émerveillé par :

Feuille d'éveil du jour

DATE:

Mon intention du jour en un mot:

Aujourd'hui j'éprouve de la joie et de la gratitude pour:

Aujourd'hui je me pardonne et je pardonne les autres pour:

Aujourd'hui je décide de lâcher prise sur:

Aujourd'hui j'aimerai être émerveillé par:

Feuille d'éveil du jour

DATE:

Mon intention du jour en un mot:

Aujourd'hui j'éprouve de la joie et de la gratitude pour:

Aujourd'hui je me pardonne et je pardonne les autres pour:

Aujourd'hui je décide de lâcher prise sur:

Aujourd'hui j'aimerai être émerveillé par:

Feuille d'éveil du jour

DATE:

Mon intention du jour en un mot:

Aujourd'hui j'éprouve de la joie et de la gratitude pour:

Aujourd'hui je me pardonne et je pardonne les autres pour:

Aujourd'hui je décide de lâcher prise sur:

Aujourd'hui j'aimerai être émerveillé par:

Feuille d'éveil du jour

DATE:

Mon intention du jour en un mot:

Aujourd'hui j'éprouve de la joie et de la gratitude pour:

Aujourd'hui je me pardonne et je pardonne les autres pour:

Aujourd'hui je décide de lâcher prise sur:

Aujourd'hui j'aimerai être émerveillé par:

Feuille d'éveil du jour

DATE :

Mon intention du jour en un mot :

Aujourd'hui j'éprouve de la joie et de la gratitude pour :

Aujourd'hui je me pardonne et je pardonne les autres pour :

Aujourd'hui je décide de lâcher prise sur :

Aujourd'hui j'aimerai être émerveillé par :

Feuille d'éveil du jour

DATE:

Mon intention du jour en un mot:

Aujourd'hui j'éprouve de la joie et de la gratitude pour:

Aujourd'hui je me pardonne et je pardonne les autres pour:

Aujourd'hui je décide de lâcher prise sur:

Aujourd'hui j'aimerai être émerveillé par:

Feuille d'éveil du jour

DATE:

Mon intention du jour en un mot:

Aujourd'hui j'éprouve de la joie et de la gratitude pour:

Aujourd'hui je me pardonne et je pardonne les autres pour:

Aujourd'hui je décide de lâcher prise sur:

Aujourd'hui j'aimerai être émerveillé par:

Feuille d'éveil du jour

DATE:

Mon intention du jour en un mot:

Aujourd'hui j'éprouve de la joie et de la gratitude pour:

Aujourd'hui je me pardonne et je pardonne les autres pour:

Aujourd'hui je décide de lâcher prise sur:

Aujourd'hui j'aimerai être émerveillé par:

Feuille d'éveil du jour

DATE:

Mon intention du jour en un mot:

Aujourd'hui j'éprouve de la joie et de la gratitude pour:

Aujourd'hui je me pardonne et je pardonne les autres pour:

Aujourd'hui je décide de lâcher prise sur:

Aujourd'hui j'aimerai être émerveillé par:

Feuille d'éveil du jour

DATE :

Mon intention du jour en un mot :

Aujourd'hui j'éprouve de la joie et de la gratitude pour :

Aujourd'hui je me pardonne et je pardonne les autres pour :

Aujourd'hui je décide de lâcher prise sur :

Aujourd'hui j'aimerai être émerveillé par :

Feuille d'éveil du jour

DATE:

Mon intention du jour en un mot:

Aujourd'hui j'éprouve de la joie et de la gratitude pour:

Aujourd'hui je me pardonne et je pardonne les autres pour:

Aujourd'hui je décide de lâcher prise sur:

Aujourd'hui j'aimerai être émerveillé par:

Feuille d'éveil du jour

DATE :

Mon intention du jour en un mot :

Aujourd'hui j'éprouve de la joie et de la gratitude pour :

Aujourd'hui je me pardonne et je pardonne les autres pour :

Aujourd'hui je décide de lâcher prise sur :

Aujourd'hui j'aimerai être émerveillé par :

8. ÉK::LÏT KESAKO

Le programme ÉK::LÏT est la propriété de monsieur Eric Bouf et toute demande de renseignement doit être adressée à l'adresse suivante :

> Eric Bouf
> 9 rue des Côtes
> 78600 Maisons Laffitte – France
>
> Email : ek.lit@yahoo.com

Blog internet :

> www.sereveillerpoursetrandformer.com

Livres et recueils introspectifs :

> **Eclectivity book - Carnet de prises de notes introspectives (Amazon.com)**
>
> **Primalux -** Petit recueil de lumière quotidienne (bod.com)
>
> **L'alpha & l'omega -** Premières & dernières phrases (bod.com)
>
> **Gaïa - D'Âme Nature -** Source de notre essence primordiale (bod.com)
>
> **Bubble Up -** Petit manuel d'aide à l'éveil de Soi (Amazon.com)
>
> **La fulgurance du Verbe -** Recueil de brefs éclairs d'esprit animés par le Verbe (Amazon.com)
>
> **Coloriages pour adulte Zen -** 20 textes et dessins à colorier pour se relaxer et trouver une harmonie intérieure (Amazon.com)

Réseaux Sociaux :

> Groupe facebook - Zen::Relax
> Instagram - eric.bouf

© 2023 ÉK::LÏT ÉDITIONS